*Amar é sair de si mesmo
para ir em busca do outro.*

Para você,

.................................................................

que me faz tão feliz,
com todo o meu amor.

.................................................................

Amar!
A vida é uma ocasião única
que nos é dada para amar.
"Ainda que eu distribuísse aos pobres
todos os meus bens,
e entregasse meu corpo
para ser queimado,
e tivesse uma fé capaz
de transportar montanhas,
se não tivesse amor,
de que me adiantaria?".

*"Amai-vos uns aos outros como eu vos amei."*
Jesus

# Hino do amor

Quem ama é paciente e solícito.
Quem ama não é invejoso,
não se vangloria,
não se enche de orgulho.
Quem ama respeita os outros,
não busca os próprios interesses.
Quem ama desconhece a ira,
esquece as ofensas.
Quem ama tudo desculpa,
sempre confia,
jamais perde a esperança.
O amor nunca conhecerá ocaso!

*Paulo de Tarso*

*Quem ama
se questiona a cada instante.*

O amor não aguarda
grandes oportunidades;
antes, aproveita as pequenas.

Não procures as pessoas
com uma lanterna,
e sim com o coração,
pois seus corações só se abrem
com uma chave: o amor.

Amar é sentir como próprios
os desejos, as saudades,
as tristezas do irmão.

*Acolhe cada pessoa como se*
*somente ela existisse.*

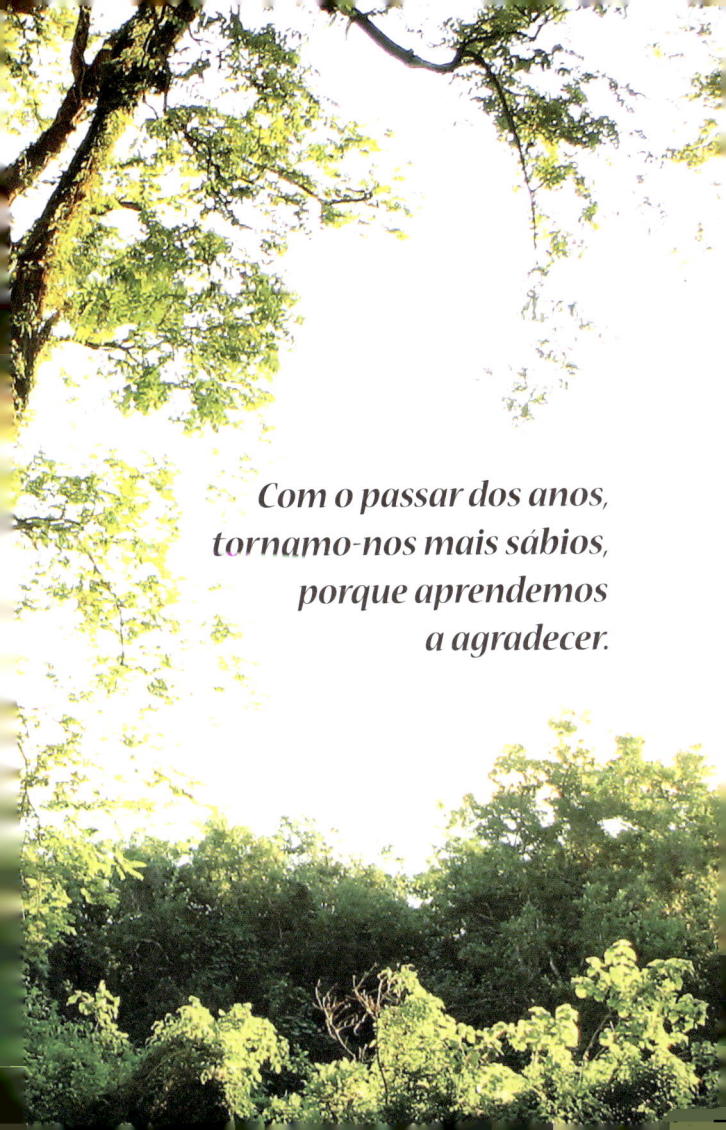

*Com o passar dos anos, tornamo-nos mais sábios, porque aprendemos a agradecer.*

O amor fala pouco,
mas age muito.

Fazer feliz o outro
é a única maneira
de ser feliz também.

Sem renúncias
não é possível florescer
nem produzir frutos.

Amar é ser capaz de sorrir,
mesmo na dor.

*Se a semente não morrer
e se a folha não cair,
jamais verás florir
a primavera.*

O relógio do coração
possui uma lei:
há minutos nos quais acontece
o que não acontece em muitos anos.

Felizes de nós
se soubermos interpretar
benevolamente o agir do irmão,
mesmo contra todas
as aparências contrárias.
Aos olhos de alguém
isso poderá parecer ingenuidade,
mas é o preço do amor.

*Cada instante é precioso:
é uma fração de eternidade.*

Não tenhais medo de queimar tudo.
O calor que comunicardes aos outros
há de permanecer para sempre.
Sede gentis uns para com os outros,
tende um coração afável,
perdoando-vos mutuamente.
O sorriso
é um ato de amor,
é uma palavra de amor.
Saber sorrir é espalhar
um pouco de alegria.
O céu reside
no coração do ser humano.

*Uma única coisa o amor almeja:*
*consumir-se.*

# O amor

Quando o amor bater à tua porta, segue-o,
mesmo que o caminho seja pedregoso e difícil.
E quando o amor quiser falar contigo, acredita nele,
ainda que sua voz possa fazer
evaporar teus sonhos,
como o vento forte que devasta o jardim.
Da mesma forma que te exalta, o amor te crucifica,
e como te faz amadurecer, assim te podará.
E te entregará ao seu fogo sagrado
a fim de que sejas o pão santo da mesa de Deus.
É o que o amor realiza em ti, para que
possas tornar-te uma fração do coração da Vida.
O amor nada dá a não ser a si mesmo,
e nada colhe, senão em si mesmo.
O amor não é possessivo, tampouco gosta de sê-lo,
porque se basta a si mesmo.
E não penses que poderás conduzi-lo,
pois, se te achar digno, ele mesmo te conduzirá.
O amor não quer senão consumir-se!
Se amas de verdade, sejam estes teus desejos:
ao despontar do dia, despertar com um coração alado
e agradecer por esse novo dia de amor,
à noite, adormecer com uma prece ao amado
e um canto de louvor nos lábios.

*Gibran*